Marion Jana Goeritz

Liebeswort – Gedichte

Bibliografische Information der Deutschen Nationalbibliothek:

Die Deutsche Nationalbibliothek verzeichnet diese Publikation in der Deutschen Nationalbibliografie; detaillierte bibliografische Daten sind im Internet über http://dnb.dnb.de abrufbar.

Herstellung und Verlag: BoD – Books on Demand, Norderstedt

ISBN: 978-3-7528-6639-1

Herzlich Willkommen liebe Leser,

das Herz erreichen und die Seele berühren, vermag nur die Liebe.

Sie ist ein Gefühl das man nicht wirklich erklären kann, man muss es erleben.

In jedem Fall ist sie etwas ganz Großes und hilft uns auch dabei bewusster mit uns selbst und auch mit anderen umzugehen.

Herzlichst

Marion Jana Goeritz

Wenn

das Alte aufgebrochen

und einfach nicht mehr dienlich ist

wenn

das Schwere sich verflüchtigt

und das Leichte Einzug hält

dann

ist der Himmel wieder blau

auch an einem trüben Tag

wenn

die Liebe sich dann zeigt

weil der Mensch auch gelernt

wenn

das Neue Einzug hält

weil es auch dazu gehört

dann

ist der Himmel wieder blau

auch an einem trüben Tag

wenn

die Lebensneugier wächst

und Gewohnheit schlafen geht

wenn

die alten Pfade weichen

und breite Wege sich nun zeigen

dann

ist der Himmel wieder blau

auch an einem trüben Tag

wenn

die Steine abgelesen

die vor jedem Schritt gewesen

wenn

nur Grün den Weg noch schmückt

und alles andere auch noch glückt

dann

ist der Himmel wieder blau

auch an einem trüben Tag

wenn

die Erinnerung bebildert

und Freude schwingt in ihr

wenn

so manches Wort sich findet

und ich fühle

ich danke dir

dann

ist der Himmel wieder blau

auch an einem trüben Tag

Die alten Zöpfe

erzählen nichts mehr

es hilft nichts

sie müssen weichen

das Neue

es wird sich anders gestalten

wir dürfen uns nur nicht fürchten

die Wege

die einst unsere waren

sind verschlossen für alle Zeiten

es gibt kein Zurück

nur noch nach vorn

wir müssen es einfach nur wagen

der Mut der noch wächst

Begeisterung

er wird uns immer tragen

es gibt so viel
zwischen Himmel und Erde
wir müssen nicht alles ertragen
die alten Gedanken weichen nun
neue stellen sich ein
Gutes findet einen Lohn
Liebe
darf nur die Antwort sein

Ich sehe die Engel
fliegen im Himmel
ihre Flügel
kommen silbern mir vor
und ruhen sie aus
von ihrem Flug
sitzen sie auf dem Himmelstor
vergnügt
schauen sie in die Sonne
die ihre Strahlen golden trägt
sie fragen sich
ob sie es heute noch schaffen
zu fliegen auch zum Sonnentor
und
als ihre Flügel sich breiten im Wind
die Sonne
ihnen Wärme spendet

da fliegen die Engel so geschwind

von einem Tor zum anderen

auch mein Lächeln begleitet sie

auf ihrem weiten Flug

und wenn ich ihre Hilfe wünsche

kommen sie zu Besuch

danke

ihr schönen Himmelswesen

für euer Tun im Licht

ihr schenkt Heilung für die Seele

und

ihr fürchtet nichts

Mit dem Herbstwind

flog deine Seele

hoch im Wind bei Sonnenschein

und alle Engel beschützten sie

auf ihrer Reise

sie war nicht allein

meine Tränen

reisten auch

erzählten ihr von meinem Kummer

sie flogen mit dem Wind und ihr

bis das Licht sie trocknen konnte

für immer wird mein Herz nun wissen

es gibt die Liebe und sie bleibt

nur anders eben

dass ist das Schwere

doch lernen muss ich mit der Zeit

und wenn die Winde

um mich tanzen

tanzt in mir Erinnerung

mit ihr und dieser großen Liebe

schenkt sie mir auch Linderung

und wenn sie einmal Sehnsucht fühlt

nach meiner Liebe irgendwann

dann lass sie doch zu mir fliegen

ich halt sie dann in meinem Arm

(für meinen Wanuscha)

Erinnerst du dich

an diesen Abend

an dem ich dir sagte

ich liebe dich

erinnerst du dich

vor so vielen Jahren

da trafen wir uns

ich vergesse das nicht

nicht einen dieser schönen Tage

kommt je wieder

das wissen wir

doch viele können ihnen noch folgen

das möchte ich dir sagen

ich wünsche es mir

Manchmal schon

weinte das Gefühl

es schwamm

im Salzsee der Seele

ruhte aus

auf dem Grün das Heilung versprach

und sprang danach in die Liebe

manchmal schon

gab es eine Zeit der Einkehr

die Seele

rief nach der Stille ganz laut

sie nahm sich die Zeit

um auszuruhen

und sprang danach in die Liebe

manchmal schon

brauchte es mehr Zeit

die Seele nahm sich zurück

sie hatte gelernt zu lieben
und sprang danach
ins Glück

Das kleine Boot

es liegt am Hafen

bei der Taverne

sie kann es sehen

sie hatten schon

so schöne Tage

auf dem Wasser

mit Sonnenschein

und das Boot

fuhr sie hinüber

auf die Insel grünes Land

Seelen tiefer Hoffnungsschimmer

lang ist es her

Erinnerung

doch in ihrem Herzen

wohnt die Liebe

Liebe

für den Einen noch
der Tag wird zeigen
ob die Liebe
noch eine zweite Chance bekommt

Deine Seele

fliegt mit den Engeln

sie lacht nun wieder in den Tag

der Regen wohl vorüber nun

ich hoffe sie bleibt weiter stark

und wenn sie doch mal traurig wäre

dann lass sie fliegen im Sonnenschein

vielleicht besucht sie mich auch einmal

ich mochte sie so

das wäre doch schön

Zu den Wolken

flog sie hoch

weit über die Dächer der Stadt

Freiheit

brauchte sie an so einem Tag

der ihr wohl zu viel abverlangte

hindurch durch den Regen

an der Sonne vorbei

Tränen trockneten

und sie fühlte sich frei

erzählte dem Wind

von ihren Sorgen

er wehte sie fort

einfach so

und der Morgen

schenkte einen Neuanfang

nichts verborgen

unter ihren Blicken

die Weite

schenkte Freiheit ihr

mit all ihren Gedanken

ganz weit oben

in ihrem Gefühl

nur Liebe lebt

Alte Träume

kehrten wieder

weil sie noch nicht sterben sollten

erzählten noch einmal

und schon wieder

von dem Leben

das sie wollten

kehrten ein

in mancher Nacht

im Schlaf

setzten sie sich sacht

in die Seele und warteten ab

bis das Gefühl erzählte

und der Mensch

er wacht dann auf

und denkt

ein Deca vui

der nimmt die Träume alle samt
und lässt sie wieder fliegen
vielleicht
geschieht ein Wunder doch
ein neuer Traum gewinnt
er zeigt sich
mit seinen bunten Farben
und fliegt nicht mit dem Wind

Die Sonne

scheint vom blauen Himmel

Erinnerungen

sind schon da

erzählen noch

in manchen Farben

doch manches

ist ganz neutral

einst

kleine steinige Pfade

heute

sind es grüne Wege

kleine grüne Haine

heute

ein großer Wald

Kinder

die einst so klein

an ihren Händen

halten sie ihre Kinder

Eltern

die einst so stark

heute brauchen sie auch Hilfe

Worte

die einst so schmerzten

sind sie wirklich schon vergeben

Geschwisterliebe

einst so tief

manchmal

geht man getrennte Wege

die Liebe

die uns eingefangen

heute

ist sie stärker noch

Zukunftsmusik

so manchen

macht sie wohl heute schon wach

Auf ihrem Weg

ein Zweifel lag

er forderte sie heraus

sie schaute

mehrmals hin zu ihm

fühlte sich nicht groß

sie nahm ihn auf und hörte zu

was er zu ihr sprach

sie war ganz still und fühlte nun

die Zeit war noch nicht da

und der Zweifel lernte so

sich in ihr zu wiegen

doch in ihr

wuchs auch der Mut

und Ehrlichkeit im Leben

er glaubte doch

nicht wirklich noch

sie schenkte ihm Vertrauen

sie war anders als viele hier

denn sie überlegte

ihr ging es nicht darum

ihn irgendwie zu meiden

im Gegenteil

sie las ihn auf

doch ging sie immer auf ihrer Seite

so

ist nun mal ihr Leben

Bekommt der Morgen
den Tau vom Kleid genommen
weil die Sonne
am Himmel schon verweilt
die Wälder
das Grün stolz tragen
stellt sich manche Frage
und

staunen macht sich breit
das Wasser des Flusses
sich unerschöpflich bewegt
durch Wiesen Wälder Auen und Felder
die Steine
in seinem Bett sich verändern
weil die Kraft des Wassers sie formt
stellt sich manche Frage
und

staunen macht sich breit

Berge und Hügel sich uns zeigen

und auch in den Tälern

der Sonnenstrahl grüßt

bunte Blumen sich überall zeigen

auch

durch den dichtesten Straßenbeton

stellt sich manche Frage

und

staunen macht sich breit

die Sterne der Nacht

über uns wachen

und so manche Schnuppe hell sinkt

der Mond am Himmel silbern blinkt

doch der Morgen ist noch weit

stellt sich manche Frage

und

staunen macht sich breit

Im Morgen grau der Nebelbänke

erwacht nach einer langen Nacht

stellt sich ihr vielleicht die Frage

wie das wohl zu schaffen wäre

und

wenn der erste Sonnenstrahl

dann kitzelt den Gedanken wach

erzählt er ihr viel davon

von der vergangenen langen Nacht

Gefühle

rudern noch durch den Nebel

hindurch bis zu dem ersten Licht

ein Leuchtturm

noch aus alten Zeiten

er leuchtet weit und lädt auch ein
nicht nachzudenken

doch für sie

ist das nichts
und als der Nebel sich so sank
im Wald und überhaupt
der Leuchtturm
in der Sonne stand
da fühlte sie es auch
zu schaffen ist so vieles doch
wenn sie an sich glaubt

Dort

wo die Sonne am Morgen erwacht

beginnen ihre Strahlen zu tanzen

die Nacht zog vorüber

mit ihrem Sternenglanz

die silberne Sichel des Mondes erzählte
eine Geschichte der Nacht

die Perlen des Morgentau

glänzen hell in der Sonne

sie zieren das Grün dieser Erde

und

wenn wir mit diesen Perlen spielen

zeigen sich die Feen

in ihren bunten Gewändern

und lassen sie zur Sonne fliegen

und

wenn die Perlen trocknen

im Sonnenschein

der Tag sich hell und freundlich zeigt

die Sonne ihre Strahlen lenkt

wartet ein schöner Abend

mit seinem funkelnden Sternenzelt

Rubinrot

färbt sich der blaue Himmel ein

sein Gewand so wunderschön

ein Sternlein hell zeigt sich schon

und ein letzter Sonnenstrahl verweilt

bis auch er sich schlafen legt

Weiße Laken

im hellen Raum

das Fenster zum Meer steht offen

ein Hauch von Freiheit

weht herein

verstaubte Bilder

laden ein

einen Blick zu wagen

sie erzählen

Geschichten von einst

sie geht durch den Raum

und entfernt das Weiß

vom Fenster aus

schaut sie zum Meer

Schiffe fahren weit draußen vorüber

kein Gedanke

reist ihnen mehr hinterher

angekommen

bei sich selbst

ihr Herz

trägt nicht mehr schwer

in ihrer liebenden Seele

scheint die Sonne hell

ihre Blicke

wandern zum Meer

ein Luftzug

zieht ins Zimmer hinein

ein Foto fällt zu Boden

sie hebt es auf und schaut es an

fühlt

die Zeit war nicht verloren

nichts bleibt wohl für immer

sie dreht sich um

und vor ihr steht ihr Mann

beide halten sich im Arm

dann

spazieren sie zum Meer

Manchmal

war ein Wort

ein Wort zu viel

manchmal

war ein Wort

ein Wort zu wenig

manchmal

war ein Wort

ein Wort

manchmal

war ein Wort

kein Wort

das dann schmerzte in der Seele

weil

sie das Schweigen nicht verstand

weil sie fühlte und liebte

manchmal

war ein Gefühl

ein Gefühl zu viel

manchmal

war ein Gefühl

ein Gefühl zu wenig

manchmal

war ein Gefühl

ein Gefühl

manchmal

war ein Gefühl

kein Gefühl

das dann schmerzte in der Seele

weil sie nur Liebe verstand

weil sie fühlte und liebte

manchmal

war ein Gefühl

Liebe

manchmal

war ein Gefühl

tiefe Liebe

manchmal

war ein Gefühl

alles und Liebe

manchmal

war ein Gefühl

mehr als alles Liebe der Welt

das dann in der Seele wohnte

weil sie nur Liebe verstand

weil sie fühlte und liebte

Die Sterne der Nacht

erzählen so viel

sie lassen mich reisen

durch die Galaxien

zeigen mir ihre Straßen

und was es noch so alles gibt

die Sonne

den Mond und und auch die Sterne

sie funkeln

das Dunkel der Nacht so hell

Gedankenströme fließen

Regenschirme nicht bestellt

doch Sonnenschirme bunt

zwischen Sonne und Mond

fliege ich

mit mir

meine Liebe über die Erde

alles andere

zählt gerade nicht

weil

ich nun glücklich werde

Eingetaucht

in ein Gefühl der Liebe

Oberfläche

das wollte sie nicht mehr

auf dem Seelengrund

da tobten die Stürme

doch

wie überleben

es schien so schwer

es war Zeit

sich einzugestehen

zwischen den Zeilen

da stand es bereits

die wahre Liebe

war es nicht

und doch

fühlten beide so sehr

und auf dem Seelengrund

da blühten Blumen

in rot und gelb

und auch in grün

und tauchten beide in ihn ein

konnte sie die Liebe sehen

Manchmal

erzählt die Vergangenheit noch leise

Gedanken

erinnern sich dann still

so manches Wort

ging auf die Reise

das Herz so schwer

ein Wort zu viel

der Tag der Freiheit

in der Ferne

Sonnenstrahlen zeigten ihn

die Freude tief in seiner Seele

sie war am wachsen

nichts war zu viel

und wenn er glaubt

es ist vergessen

weil er vielleicht heute

anders lebt

ein Wort nur würde schon genügen

und die Vergangenheit

sie kehrt zurück

nichts war gegangen einfach so

es brauchte Kraft und Mühe

die Seele weiß davon

und schwört

die Wahrheit

darf nur leben

Manche Tage

mancher Orts

da gingen sie durch die Straßen

sie lachten und sie sangen auch

ihre Herzen

offen getragen

die Sonne lachte golden gelb

ihre Gemüter

trieben weiße Blüten

die anderen

sie wunderten sich

doch

sie hatten etwas zu verlieren

Die

die sich lieben

sie fühlen alles

tief in der Seele

im Herzensgrund

jedes Wort

eine goldene Schüssel

die sich ergießt

durch richtiges Tun

die

die sich lieben

sie sind Gewinner

kein Los entschied

nur ihr Wunsch

nicht nur Geborgenheit

in sich zu finden

in der Wahrheit

liegt der Lohn

Staubige Wege
führten weg
hinaus
aus diesem Ort
Steine
wuchsen aus der Erde
zeigten sich dem Licht
Wälder
stehen stolz und ruhig
und so mancher Schritt geführt
auf vielen grünen Wegen
hin zum Hoffnungslicht
und eines Tages
wenn er sich in Falten nur noch zählt
kehrt er zurück auf diese Wege
die aus dem Ort ihn einst geführt
er wird nicht bleiben

er fühlt es schon
will einfach nur mal sehen
wie die Wege
der Kindheit einst
heute sind für ihn zu gehen
so steht er dann auf einem Stein
die Schuhe voller Staub
er schaut sich um
fühlt sich allein
nicht viel lebt in ihm dort auf
nur die Erinnerung

Schroffe Felsen

klares Wasser

Berg und Tal

grünes Land

so gern

bin ich in deiner Nähe

weil du mich verstehen magst

Burgen

stehen schon so lange

im Grünen Band

der Erde hier

es rankten sich

so viele Sagen

so manche

erzählt noch heute mir

Wenn der Tag

das Sternenzelt überstrahlt

goldgelb

zieht er vom Osten her übers Land

erzählen Gedanken

von dem was wohl kommen mag

wenn die Straßen

der Zweisamkeit überfüllt

weil der Tag

nur von Liebe erzählt

sind die Gefühle groß

und leben nur Gutes

wenn der Tag

vom Abend begrüßt

der Mond einen Teil

seines Laufes uns zeigt

erzählen vergangene Stunden

und lassen gut fühlen

wenn die Nacht

ihr Dunkel uns zeigt

die Sterne jedoch funkeln

sich zwei liebend halten

wünschen wir ihnen Glück

für alle Zeit

Mit den Gezeiten

bei Regen

auch Sturm

steht er im Wasser

der Leuchtturm

sein Licht

es scheint in der Nacht

über Wasser und so weit

es spricht

den Seemann so auch an

gleich nach mir

kommt das Land

und im Hafen Schiffe ankern

brachten ihre Fracht hierher

fahren nun wieder in die Ferne

denn ein Seemann braucht das Meer

weiße Wolken
federleicht
schwebten himmelhoch
meine Gedanken
erzählten so viel
nichts war immer
nur leicht
und im Herzen
Heiterkeit
Seele hell und klar
meine Gefühle
erzählten so viel
nichts ist mehr
wie es einmal war
alles wird gut

Weit das Meer

das Schiffe trägt

Land

Erinnerung auf ihm

Segel

flattern hoch im Wind

noch kein Hafen im Visier

Augen

sehen Horizont

und aus der Ferne grüßen sie

viele goldene Sonnenstrahlen

manchmal auch

so rot wie Klee

und wenn das Schiff

die Wellen reitet

von Ost nach West

von Nord nach Süd

dann

hofft so mancher auf dem Schiff

das doch bald Land

zu sehen ist

dann fährt das Schiff in seinen Hafen

das Meer

es tobt im Mondenschein

und Sterne blinken

weit in die Ferne

bald schon fahren sie wieder heim

Manche Worte

längst verklungen

Gefühle

jedoch nicht geklärt

sie flogen hoch und in der Ferne

sahen sie ein kaltes Schwert

sein Blatt so eisern

wie aus Stahl

sein Schafft

er war aus warmen Holz

doch es stand

für immer still

noch heute

erzählen sie davon

und wer es hört

der hört gut zu

und bedenkt

so manches Wort

Gefühle schön

erblühen sie

so bleibt

das Schwert auch fort

Das Morgenlicht

bricht sich im Glas

bunte Farben schwingen

ein Regenbogen

zaubert viel Licht

weiße Wände

in Farbe

Wolken

erzählen in Regentropfen

goldene Sonne

leuchtet Wege hell

ein Regenbogen spannt sich weit

über das Grün der Erde

wir suchen seinen Anfang immer noch

sehen auf seine bunte Brücke

Engelsflügel

bewegen sich sanft

und erheben sich

hoch zum Himmel

weit oben fliegen sie

ohne Angst

mit einem Lächeln

rufen sie zu uns

liebt das Leben es ist schön

und bunt

Bunte Lichter

drehen sich im Saal

es flackert die Nacht so hell

das Publikum

singt die Lieder mit

und so mancher schaut in die Menge

manche Einsamkeit vergessen

im Scheinwerferlicht

manche Texte

erzählen so viel

manchmal vielleicht

wenn es die Seelen berührt

dann weinen sie

und aus den Tränen der Nacht

erwächst ein Mut

der sich am Tag noch zeigt

und so mancher
der gestern noch weinte
trägt heute schon
ein Lächeln im Gesicht

Schwarze Perlen

auf einer Kette

Sonnenlicht

fällt darauf

die trüben Stunden

noch nicht ganz vergessen

doch

im Licht der Hoffnung wächst sie auf

viele Stunden scheint die Sonne

auch auf ihre kleine Welt

und in langen goldenen Laken

fielen sie auf grüne Erde

Heilung

ist bestellt

und ist sie befreit

an einem Tage

der nur in Liedern ihr erzählt

wird sie fühlen

welche Kraft in ihrem Leben

für sie zählt

Sie liebte

einen Menschen sehr

der anders war als sie

so glaubte sie

ihm auch kein Wort

das er je an sie gerichtet

sie

verstand die Welt ganz anders

als dieser Mensch es tat

nie

schauten sie sich in die Augen

nicht bei Nacht

auch nicht bei Tag

war er stumm

sang sie ein Lied

und war sie ruhig

sprach er zu viel

sie

ein Kind der Sonne

doch er

verstand ihr Leben nicht

so mochte er ihr nie begegnen

auch Ehrlichkeit

war nichts für ihn

dabei

so glaubte sie

war es bedeutsam auch für ihn

denn

darin lag ihr beider Glück

Die Nebelschleier

verhüllen ein Geheimnis

das der Morgen verzaubert hat

Glasperlen

tropfen von grünen Baumkronen

und Grashalme trinken sie

bis die Sonne

sie mit sich nimmt

ein leichter Wind

streicht die Blätter ganz zart

leise

erzählen sie noch vom Nebelschleier

der nun gelüftet

von dannen zieht

weil

die Sonne ihm begegnete

Helle Lichter

spiegeln sich im klaren Wasser

die Nacht

wird zum Tag gemacht

einmal im Jahr

viele Menschen

sind gekommen

um ihre Sorgen zu vergessen

sie tragen ein Lächeln in den Tag

denn

kleine Schiffchen

gehen auf große Reise

das Sternenzelt begleitet sie

hütet der Menschen

neue Geborgenheit

viele Lichter

erzählen davon

sie reisen

übers Wasser hin zum neuen Morgen

irgendwann

werden sie stranden

mit all ihren Sorgen

im Niemandsland

weit weg

vom schönen bunten Leben

ohne Rückfahrt

so soll es sein

Der Tag

neigt sich dem Ende zu

die letzten Sonnenstrahlen

versinken im Meer

langsam

zeigt sich das Sternenzelt

der Club der Stadt

öffnet die Tür

so manche

finden sich dort ein

und suchen

was noch einmal genau

vielleicht die Frau

vielleicht den Mann

und so mancher hofft

hier in diesem Etablissement

den Menschen

fürs Leben zu finden

doch

sind sie bereit dafür

oder

spielen sich alle nur etwas vor

mancher

hatte es schon verstanden

hatte sich anders wo

finden lassen

dort wo die Menschen sind

die sich dem Leben auch stellen

und sich nicht die Abende

mit One Night Stands verderben

sondern sich

mit guten Kompromissen

ihr Leben füttern

weil jede Beziehung

das fordern wird

früher

oder später

und weil man nicht wirklich

daran stirbt

sondern

durchaus dadurch lernen kann

denn ein Leben

ganz ohne Kompromiss gibt es nicht

nirgendwo

in keinem Land

Er

reist immer durch die Lande

im Gepäck

so manches Blatt

wenn des Nachts

die Sterne funkeln

deutet er so manches Ziel

die Nacht oft ruhig

wie seine Stimme

Sternendeuter

nennt man ihn

doch keine Frau

kommt ihm je nah

so manche

schaut ihn fragend an

möchte

ihn erzählen hören

vom großen hellen Sternenzelt

wie Sonne

und Mond mit ihnen spielen

und alles

in der Seele wohnt

Sternendeuter

ist sein Name

und des Nachts

geht er umher

wartet

auf so manche Frage

doch

geht keinem hinterher

Ich wünsche mir

das die Welt in Liebe lebt

wünsche mir

das die Kriegs verrückten

sich bekehren lassen

wünsche mir

das die Welt sich richtig verhält

und die Liebe

ohne Limit bleibt

ich wünsche mir

das Kinder ihr Lachen behalten

weil Eltern sich trauen

zu ihren Fehlern zu stehen

wünsche mir

das Menschen zu sich stehen

welches Geschlecht zu auch lieben

ich wünsche mir

das Menschen sich zeigen

auch wenn sie etwas

nicht verstehen

wünsche mir

das andere das anerkennen

auch wenn sie sich anders fühlen

ich wünsche mir

das aller Neid gewandelt

in die Farbe der Liebe

zur Erde strahlt

und das alle Angst

in Vertrauen gebracht

in jeder Seele einmal wohnt

wünsche mir

Ehrlichkeit

für jedes Leben

ich wünsche mir

das Menschen zueinander finden
welche sich mögen
die offen sich zeigen
in allen Ländern
weil sie die Liebe verstehen
und weil ich mich traue
das zu schreiben
was ich denke und auch fühle
hoffe ich
es könnte einmal so werden
und beginne mich zu freuen
ich wünsche mir
das Mut erwächst
aus einem Tal
und Berge
Kraft uns spenden
das Meer

uns Weite lehren kann

und Leichtigkeit im Leben

ich wünsche mir

das Menschen lernen

ein jeder so

wie er es kann

wünsche mir

Vertrauen auf allen Ebenen

weil es nur so gehen kann

Sie trauen sich

und machen los

der Tag

ist nicht lang genug

ihre Gedanken wachsen schnell

zu neuen Ideen

Brücken bauen angesagt

sie trauen sich

und erzählen was sie bewegt

ihre Gefühle

meist in Liebe

niemand vor ihnen

traute sich das zu

was sie bewegen

über manchen Hügel

sie trauen sich

alle Zeit der Welt gehört nur ihnen

nichts

bleibt unversucht

im Tun

für ein gutes Gelingen

sie machen los

sie tun nicht

ohne zu überlegen

und

geschieht doch einmal ein Fehler

lernen sie dazu und bekennen sich

weiter so

traut euch

ihr schafft das schon

Sein Spiel

etwas verstimmt

das Licht

es schien anderswo

er wusste

er musste wachsen

sonst war es vorbei

mit dem Gefühl

groß zu sein

er spielte sein Lied

verhalten schön

Gefühle

fehlten ihm beim Spiel

Angst

fraß seine Seele auf

wie lange konnte er das tun

sich verloren zu geben

war keine Option

dabei

konnte er so nichts gewinnen

ein mancher schon

hörte ihm zu

so auch heute wieder

und es klingt

traurig schön

niemand

singt seine Lieder

doch es wird der Tag kommen

und er kann sich wieder

im Spiegel sehen

er wird seinen Mut erkennen

und ihn bitten zu bleiben

damit sein Spiel schöner wird

Lauf doch nicht mehr hinterher

Liebe

ist ein Magnet für die

die sie auch lieben

deine Blicke nach innen

noch immer zu schwach

viel zu wenig

gibt es nicht

besinn dich doch auf das

was dich glücklich sein lässt

geh doch mit dir selbst ins Gericht

bevor du es mit anderen tust

frage dich

nach deinem Gang

nicht nach dem

der anderen

besinn dich doch auf dich

damit du dein Leben

auch lieben kannst

stelle deine Fragen

in der Stille

und vernehme deine Antwort

im Gefühl

dann besinn dich auf das

was du ändern kannst

und wenn du Hilfe brauchst

sprich ehrlich mit einem

dem du vertraust

Keine Sinfonie

ist kein Beinbruch

ein Lied klingt gut

wenn es aus der Seele fließt

das Spiel ist schön

weil du dir nichts anderes

vorstellen magst

kein Auftritt

ist vielleicht

ein Beinbruch

denn du musst

auch deine Rechnungen begleichen

woher sonst kommt das Geld

das du dazu brauchst

ändere vielleicht deine Einstellung

anderen gegenüber

und du darfst spielen

wie ein Gott

viele Auftritte

sind viele Geschenke

deine Seele

sie schwingt mit

wenn du spielst

und wenn du singst

wie nie zuvor

füllst du Hallen und

deine Dankbarkeit

lässt dich weiter höher steigen

du fliegst doch nie zu hoch

doch du vergisst

den Anfang nie

Ozean weit

blaue Wellen

gleiten dahin

Schiffe

reisen kreuz und quer

Passagiere leben gut

und schauen sie zu lang übers Wasser

sehen sie manchmal

im Schnelldurchlauf

auf ihr bisheriges Leben

Ozean weit

Wunder der Erde

zum Greifen nah

Von Ort zu Ort fahren die Schiffe

zu jeder Zeit

doch das Wunder

des eigenen Lebens

noch nicht erkannt

zu viele Gedanken

umkreisen die Gefühle

sie richtig zu manövrieren

im Lebensmeer

Stille

hilft oft weiter

Ozean weit

und so viel zu sehen

Fotos

schmücken Alben

Gedanken von gestern

heute

nicht mehr wichtig

was zählt

ist das Gefühl

und dieses braucht Veränderung

doch im außen schnell verkannt

darum verbringe Zeit

wenn du kannst

mit dir allein

Ozean weit

Menschen begegnen sich auf ihm

ohne sich zu kennen

und doch ist etwas gleich

manche Situation

in der sie sich befinden

das Leben spiegelt

wenn man es fühlt

doch hört man nicht auf die Gefühle

meint mancher eine Fata Morgana

wäre eine schöne Frau

weil

er ein Wolf sein wollte

und sie kein Schaf

hatte er ein Problem

weil

er ihre Gefühle belog

und sie die Wahrheit fand

hatte er ein Problem

weil

er lernte ehrlich zu sein

fühlte er sich immer besser

er lebt Liebe

da er ehrlich blieb

wurde sein Leben ein Fest

sie lebt Liebe

weil

sie kein Schaf

aber verliebt sich fühlte

hatte sie ein Problem

weil

sie nicht wusste

damit umzugehen

und ihn zaghaft um Hilfe bat

hatte sie ein Problem

weil sie sich

um sich selbst bemühte

lebt sie Liebe

weil

sie ehrlich blieb

lebt sie Liebe

weil

sie erkannte

lebt sie Liebe

und ihr Leben ist ein Fest

Der große Durchbruch

kam über Nacht

Freude

ist auf die Stirn geschrieben

viele lesen diese Worte

erkennen sich

im Buchstabenwald

und rinnen auch Tränen ab und an

sie helfen den Seelen

auf dem Weg zur Liebe

Wenn

der Nebelschleier

aus dem Herzen flieht

weil

ein Sonnenband

in den schönsten Farben sich zeigt

singt die Seele

ihr schönstes Lied

wenn

alte Erinnerungen sich zeigen

und du erkennst

wo du stehst

schaust du auf den Weg

der hinter dir liegt

wenn

andere lieben

sich zeigen in ihren Farben

dir doch der Mut noch fehlt

such dein Gefühl

und erinnere dich an das Sonnenband

das deiner Seele verhalf

ihr schönstes Lied zu singen

Er hatte sie

in seine Seele schauen lassen

verbarg nicht

Kummer noch Freude

erfreute sich

an ihrem Blick in seine Tiefen

sein Ozean wild und groß

das sie zu Anfang ängstlich schien

doch Mut

wohnte auch in ihrer Seele

und das Fenster

zum Gefühl war offen

es war sein Weg

doch sie fand ihn

den Sturm der Gefühle

so nicht gewollt

fegte er durch beider Leben

Liebe leben

und doch nie gekannt

manchmal

war es schwer zu verstehen

und der Weg war das Ziel

was Freiheit ist

kannten beide nicht

dennoch

stand es in der Seele geschrieben

und ein jeder von ihnen

lebte sie

das hatten sie schon verstanden

und dann schenkte das Leben ihnen

eine Chance zu verzeihen

auch wenn in seinem Gefühl

noch die Angst verhaftet war

sie würden nicht zueinander finden

war er mutig genug

doch diesen Weg zu gehen

und wünschte sich

nie mehr zurück

Manchmal schon
war ein Tag zu lang
der Wind der Veränderung
etwas zu heftig
das Warten
manchmal schon
schien es unerträglich
Gedanken
schwebten wild umher
Altes blieb
weil
Neues noch nicht erkannt
weiße Blätter Papier
füllten sich mit Pro und Contra
so viel schon gefühlt
viel schon geschrieben
doch auch verstanden

dabei fast vergessen

zu leben

die Stille

war dann das Juwel

das man fand

um sich zu besinnen

und das Fehler

einfach wohl dazu gehören

auf dem Weg

ins eigene Leben

und das diesen Weg

kein anderer gehen kann

als man selbst

Träume der Nacht

so mancher

wartete auf den Tag

auf das Wort

das Leben hieß

keine Zeit

war zu verschenken

nichts

im Morgennebel war versunken

alles hinaus ins Sonnenlicht

und wenn sein Wort

noch immer gilt

das der Nacht entkam

wird es jetzt

zum Leben erweckt

einen Tag danach

kein Entrinnen

ist mehr möglich

kein Weg

ist ihm zu weit

keine Fragen

finden sie

denn

es ist so weit

alte Erinnerungen

nicht verdrängt

sie leben einfach nicht

doch die Liebe

ist erblüht

an einem schönen Tag

als das Sternenmeer versank

war sie immer noch bei uns

sie wird uns führen

ein Leben lang

und

wenn es keiner verstehen mag

dann hat er nie geliebt

108

Von Marion Jana Goeritz ebenfalls
beim Verlag BoD erschienen (BoD
Books on Demand, Norderstedt, nähe-
re Informationen finden Sie unter ww-
w.BoD.de)

„Liebe für die Seele Band 1"
ISBN 978-3-7357-4045-8

„Liebe für die Seele Band 2"
ISBN 978-3-7357-7734-8

„Seelenweiß"
ISBN 978-3-7347-5769-3

„Seelen essen Liebe gern"
ISBN 978-3-7347-8706-5

„SeelenEngel" ein spiritueller Erfahrungsbericht
ISBN 978-3-7386-2588-2

„SeelenSchlüssel"
ISBH 978-3-7386-3844-8

„Seelenfarben"
ISBN 978-3-7386-3947-6

„Seelenschimmer"
ISBN 978-3-7386-4014-4

„Seelenfinden"
ISBN 978-3-7386-4037-3

„Ein Gefühl meiner Seele"
ISBN 978-3-7386-1506-7

„Seelenfrieden" Danken, Bitten, Entspannung ein persönlicher Erfahrungsbericht
ISBN: 978-3-7386-4884-3

„Seelenweihnacht"
ISBN: 978-3-7386-5616-9

„Im Land unter dem Regenbogen"
Wunderbare Märchen und unglaubliche Geschichten
ISBN: 978-3-7392-0115-3

„Freddy und seine Geschichten"
ISBN: 978-3-7386-3321-4

„SeelenWorte"
ISBN: 978-3-7392-0455-0

„Herzanker"
ISBN: 978-3-7392-3482-3

„Im Fluss der Liebe"
ISBN: 978-3-7392-3489-2

„Seelenklänge"
ISBN: 978-3-7392-3532-5

„Liebeslied"
ISBN: 978-3-7392-3548-6

„Wahre Traumtänzerin"
ISBN: 978-3-7392-3556-1

„Emilia Sommerfeld"
ISBN: 978-3-7392-3787-9

„Für mich war es Liebe"
ISBN: 978-3-8423-5362-6

„Kaleidoskop"
ISBN: 978-3-8423-5738-9

„Die verzauberte Wiese"
ISBN: 978-3-7412-0772-3

„Seelenbrücke"
ISBN: 978-3-7412-0890-4

„Wetterleuchten"
ISBN: 978-3-7412-2740-0

„Zentrifuge"
ISBN: 978-3-7412-4011-9

„Für Dich"
ISBN: 978-3-7412-4018-8

„Hannos Geschichten"
ISBN: 978-3-7412-9373-3

„Das Eulenherz"
ISBN: 978-3-7431-0009-1

„Eine Reise irgendwo hin"
ISBH: 978-3-7421-0042-8

„Ist das wirklich wahr?"
ISBN: 978-3-7431-1549-1

„Stille Momente"
ISBN: 978-3-7431-1586-6

„Engelszwirn"
ISBN: 978-3-7431-1594-1

„Anders"
ISBN: 978-3-7448-3582-4

„Wenn es spricht"
ISBN: 978-3-7448-3583-1

„Jonas und die Himmelsleiter"
ISBN: 978-3-7448-5452-8

„Farbenregen"
ISBN: 978-3-7448-5453-5

„Wellenfarbe"
ISBN: 978-3-7448-7311-6

Blanchefleur
ISBN: 978-3-7448-7415-1

„Winterzauber"
ISBN: 978-3-7448-9885-0

„Seele was denkst du dir?"
ISBN: 978-3-7448-9937-6

"Der Südwind
der aus dem Norden kam"
ISBN: 978-3-7448-8206-4

"Erinnerungsblick"
ISBN: 978-3-7460-1281-0

„Mosaik" Gefühle und Gedanken
Gedichte
ISBN:978-3-7460-1320-6

„Begegnung"
ISBN: 978-3-7460-9595-0

„Sternenozean"
ISBN:978-3-7460-9685-8

„Himmelsstern"
ISBN: 978-3-7528-5012-3

„Mut verspricht Lebendigkeit"
ISBN: 978-3-7528-5071-0

Weitere Informationen zu Neuerscheinungen finden Sie immer auf meiner Seite

www.buchkaleidoskop.Reikipraxis-Goeritz.de